BEI GRIN MACHT SICH I
WISSEN BEZAHLT

- Wir veröffentlichen Ihre Hausarbeit,
  Bachelor- und Masterarbeit

- Ihr eigenes eBook und Buch -
  weltweit in allen wichtigen Shops

- Verdienen Sie an jedem Verkauf

Jetzt bei www.GRIN.com hochladen
und kostenlos publizieren

Helko Ueberschär

Die Bedeutung von Meta-Tags und Keywords im Rahmen des Wettbewerbs- und Markenrechts im Internet

GRIN Verlag

Bibliografische Information der Deutschen Nationalbibliothek:

Die Deutsche Bibliothek verzeichnet diese Publikation in der Deutschen National-
bibliografie; detaillierte bibliografische Daten sind im Internet über http://dnb.d-
nb.de/ abrufbar.

Impressum:

Copyright © 2008 GRIN Verlag GmbH
Druck und Bindung: Books on Demand GmbH, Norderstedt Germany
ISBN: 978-3-638-92480-1

Dieses Buch bei GRIN:

http://www.grin.com/de/e-book/87779/die-bedeutung-von-meta-tags-und-keywords-
im-rahmen-des-wettbewerbs-und

GRIN - Your knowledge has value

Der GRIN Verlag publiziert seit 1998 wissenschaftliche Arbeiten von Studenten, Hochschullehrern und anderen Akademikern als eBook und gedrucktes Buch. Die Verlagswebsite www.grin.com ist die ideale Plattform zur Veröffentlichung von Hausarbeiten, Abschlussarbeiten, wissenschaftlichen Aufsätzen, Dissertationen und Fachbüchern.

Besuchen Sie uns im Internet:

http://www.grin.com/

http://www.facebook.com/grincom

http://www.twitter.com/grin_com

Die Bedeutung von Meta-Tags und Keywords im Rahmen des Wettbewerbs- und Markenrechts im Internet

Helko Ueberschär

Abgabetag: 11.01.2008

Gliederung

Abbildungsverzeichnis

Abkürzungsverzeichnis

a.F.	alte Fassung
BGB	Bürgerliches Gesetzbuch
BGH	Bundesgerichtshof
LG	Landgericht
OLG	Oberlandesgericht
h.M.	herrschende Meinung
html	Hypertext Markup Language
http	Hypertext Transfer Protocol
i.S.d.	im Sinne des
i.V.	in Verbindung
MarkenG	Markengesetz
ODP	Open Directory Project
UrhG	Urheberrechtsgesetz
Url	Universal Ressource Locator
UWG	Gesetz gegen den unlauteren Wettbewerb
WWW	World Wide Web

1

1. Problemstellung und Problemrelevanz

1.1. Wettbewerbliche Relevanz von Meta-Tags und Keywords im World Wide Web

Bedingt durch den gigantischen Datenumfang des Internets spielen Suchmaschinen bei der Informationssuche eine zentrale Rolle. Ihre Search Robots durchsuchen das Internet nach dem von einem Nutzer angefragten Begriff. Dabei orientieren sie sich zum Teil an Meta-Tags, in welchen mitunter Marken oder Namen bewusst eingebaut sind, damit die jeweilige Webseite bei den Suchergebnissen erscheint.

Eine besondere Relevanz dieses Problems erklärt sich aus der zunehmenden Kommerzialisierung des Internets. Während es vor 15 Jahren als fast reines wissenschaftliches Netz noch nicht im Interesse von Wettbewerbs- und Markenrechtsfragen stand, hat sich dies mit der wirtschaftlichen Bedeutung grundlegend geändert. Heute ist das Internet ein zentrales Medium, wenn es um marketingpolitische Aspekte geht. Allein in Deutschland haben mehr als 60% (39 Mio.) der Bürger einen Internetzugang und diese verfügen im Durchschnitt über einen gehobenen Bildungsabschluss und ein höheres Einkommen.[1] Damit bilden sie eine ideale Zielgruppe von Marketingmaßnahmen.[2]

Die Internetnutzer nehmen auch immer mehr die Möglichkeit wahr, Waren oder Dienstleistungen im Internet zu bestellen oder zumindest dort Konditions- und Preisvergleiche zwischen verschiedenen Anbietern durchzuführen.[3]

Der Wettbewerb im Internet stellt sich vor allem als „Kampf um die Aufmerksamkeit des Kunden" dar.[4] Daraus folgt eine effiziente kommerzielle Kommunikation, die sich u.a. im Kampf um die Positionierung in Suchmaschinen äußert. Hierbei spielen Meta-Tags sowie der Kauf von Schlagworten für Anzeigen in Suchmaschinen eine wichtige Rolle.

---

[1] Vgl. FTD (2007), FTD vom 25.06.2007: „Wo Deutschland offline ist".
[2] Hinzu kommt, dass gerade die älteren Bürger meist nicht über einen online-Anschluss verfügen, was unter Marketingaspekten unproblematisch ist, da die relevante Zielgruppe oftmals als „14 bis 59 Jahre" definiert wird.
[3] Allein das Geschäftsvolumen des deutschen Internetumsatzes liegt bereits bei mehreren hundert Milliarden Euro jedes Jahr. (Vgl. Hüsch (2007), S. 17).
[4] Brömmelmeyer (2007), S. 5 ff.

Heute ist der Inhalt von Webseiten daher in besonderem Maße wirtschaftlich relevant, so dass sich Unternehmen sehr detailliert damit beschäftigen müssen, welche Begriffe rechtlich zulässig sind und welche nicht.[5]

Auch für IT-Berater stellt sich diese Frage immer häufiger, da seitens der Kunden mitunter die gezielte Manipulation des Seiteninhalts gewünscht wird, in der Hoffnung eine höhere Platzierung in der Suchmaschine zu erreichen.[6]

1.2. Aufbau der Arbeit

Die vorliegende Arbeit beschäftigt sich mit den marken- und wettbewerbsrechtlichen Bestimmungen für enthaltene Schlagworte in Meta-Tags und gekaufte Schlagworte (Keyword-Buys) in Suchmaschinen.[7]

Sie bietet dazu eingangs einen Überblick über den Inhalt und Aufbau von Meta-Tags und geht anschließend auf die Bedeutung für die Informationssuche ein.

Zum Schluss setzt sich der Autor mit den rechtlichen Folgen der Nutzung fremder Marken vor dem Hintergrund der aktuellen Rechtssprechungen auseinander und zeigt, in welchem Rahmen sich die zulässige Nutzung der Meta-Tags nach herrschender Meinung bewegt.[8] Ein besonderes Augenmerk liegt dabei auch auf der bislang uneinheitlichen Rechtssprechung zu den Keyword-Buys.

2. Technische Grundlagen: Funktionen von Meta-Tags und ihren Schlagworten

2.1. Grundlagen des World Wide Webs und seiner Kommunikation

Die meisten Informationen im Internet werden über das World Wide Web (WWW) verfügbar gemacht.[9] Die im WWW verfügbaren Websites[10] werden von einem Nutzer in der Codesprache Hypertext Markup Language (HTML) erstellt und anschließend auf einen Host (Server) übertragen, wo sie dann über einen Universal Resource Locator

---

[5] Vgl. Ott (2004), S. 86.
[6] Da der Autor der vorliegenden Arbeit selbst seit zehn Jahren als Webdesigner und IT-Berater tätig ist, gehört es auch zu seinen täglichen Aufgaben, die Kunden auf technische und juristische Folgen ihrer Wünsche hinzuweisen.
[7] Der Autor wählt den Begriff Schlagworte hier bewusst, um eine klare Abgrenzung zu den keywords vorzunehmen, die man nur im Meta-Tag "keywords" vermuten könnte. Wie später gezeigt wird, haben jedoch auch Begriffe in anderen Meta-Tags eine rechtliche und informationspraktische Relevanz.
[8] Die Frage nach der Anwendbarkeit deutscher Gesetze auf das Internet wird im Rahmen dieser Arbeit nicht thematisiert. Alle Überlegungen gehen von einer Gültigkeit deutscher Gesetze und Rechtssprechung aus.
[9] Andere Nutzungsweisen des Internets sind z.B. E-Mails, News-Groups und Chats.

(Url) im gesamten Netz verfügbar sind.[11] Dem Abruf dieser Internetseiten dient das Hypertext Transfer Protocol (http), das die Interpretation des HTML-Quellcodes und die Darstellung des Ergebnisses in einem Internetbrowser ermöglicht.[12] Dank der technischen Automatisierung und Nutzerfreundlichkeit der letzten Dekade sieht der Internetnutzer von den dahinter stehenden Prozessen lediglich die Resultate und braucht sich um die Hintergründe nicht weiter zu kümmern. Wichtig ist es dennoch, bereits an dieser Stelle darauf hinzuweisen, dass die einem Nutzer vorliegende HTML-Seite, die er sieht, nicht diejenige ist, die ein anderer Nutzer in das Internet stellte. Eben durch die Interpretation des Quellcodes werden nur bestimmte Informationen dargestellt, die sogar nach verwendetem Browser oder dem jeweiligen Land differenzieren können.[13]

2.2. Grundlagen der Informationssuche: Suchmaschinen und Suchverzeichnisse

Die wenigsten Websites werden durch das direkte Eingeben der Url in den Browser besucht.[14] Unter dem Aspekt einer gezielten Informationssuche in mehreren Milliarden von Webseiten wäre diese manuelle Vorgehensweise auch nicht Erfolg versprechend. Das klassische Instrument der Informationssuche in Webseiten bilden heute **Suchmaschinen**, die das Internet mit Hilfe von Search Robots durchsuchen und in ihren Datenbanken indizieren. Neben Suchmaschinen existieren auch **Suchverzeichnisse** (Kataloge), die weniger Informationen bereithalten, dafür jedoch manuell verwaltet werden und somit nur besonders qualitativ hochwertige Seiten enthalten.[15]

Suchmaschinen und Suchverzeichnisse helfen dem Nutzer, indem sie nach Eingabe bestimmter Suchkriterien Links (Verweise) zu den inhaltlich relevanten Internetseiten bieten.

---

[10] Eine Website stellt eine Internetpräsenz dar, die in der Regel über mehrere Webseiten verfügt und deren Startseite als Homepage bezeichnet wird. Diese Startseite wird oftmals durch Eingabe einer Top-Level-Domain erreicht.
[11] Im Rahmen dieser Arbeit werden die Begriffe World Wide Web und Netz synonym verwendet.
[12] Die Angabe einer vollständigen Url umfasst damit drei Bestandteile: das Protokoll, den Servernamen und den Dateinamen.
[13] So nutzt z.B. die Suchmaschine Google einen automatischen länderspezifischen Filter, der landesabhängig andere Resultate zurückliefert.
[14] Neben der direkten Url-Eingabe gibt es auch die Möglichkeit über gesetzte Links (Verweise) auf eine Url zu gelangen. Darauf wird aber im Rahmen dieser Arbeit nicht näher eingegangen.
[15] In der Praxis ist es wahrscheinlich so, dass Suchmaschinen für ihr Ergebnis-Ranking auch auf Such-kataloge zurückgreifen. So erhalten im Open Directory Project enthaltene Websites ein relativ höheres Ranking.

Sie geben dazu bei einer Anfrage eine Liste mit „Treffern" aus, also mit Links, die nach Überzeugung der Suchmaschinen den gewünschten Begriff in einer inhaltlich absteigenden Reihenfolge (Ranking) enthalten. Diese Liste umfasst sehr oft mehrere hundert dieser „Treffer", wovon die Nutzer typischerweise lediglich den ersten eine Aufmerksamkeit – und damit auch einen Besuch – zukommen lassen.[16] Daher ist es für Seitenanbieter sinnvoll, in der Trefferliste möglichst weit oben zu erscheinen, da dies für eine höhere suchbegriffsspezifische Relevanz der Seite spricht.

Die führenden Suchmaschinen sind dabei Google, Yahoo und MSN, wobei gerade Google durch die angebotenen Mehr-Dienste sich zu einem universellen Internetdienst erweitert hat und seinen Marktanteil immer weiter ausbaut.[17]

Bekannte Vertreter von Suchverzeichnissen sind das Open Directory Project (ODP), Yahoo sowie web.de.[18]

Die Search Robots der Suchmaschinen arbeiten bei ihrer Indizierung dabei nach zwei unterschiedlichen Ansätzen: entweder sie konzentrieren sich auf die Kopfdaten der Webseite oder die dem Nutzer sichtbare Webseite.

Um diesen Unterschied zu verstehen, ist es notwendig, sich mit dem Aufbau einer HTML-Seite auseinanderzusetzen.

---

[16] Vgl. Worm (2002) und Holtkotte (2003), S.5.
[17] Vgl. FAZ (2007), FAZ vom 20.10.2007: Google lässt seine Wettbewerber hinter sich und FTD (2007), FTD vom 18.04.2007: Yahoo bleibt hinter Google zurück.
[18] Vgl. Heim (2005), S. 18.

2.3. Klassifikation, Aufbau und Funktion von Meta-Tags

2.3.1. Aufbau eines HTML-Dokuments und Position der Meta-Tags

Ein HTML-Dokument besteht aus einem für den Nutzer sichtbaren Teil (public content) und einem für den Nutzer nicht-sichtbaren Teil (hidden content).[19]

Abbildung 1: Public Content und Hidden Content einer Webseite.
Quelle: Eigene Abbildung.

Ein HTML-Dokument beginnt mit einem Kopfteil (<head>), in welchem sich grundlegende Informationen über die Webseite befinden.

Meta-Tags bezeichnen bestimmte Anweisungen im Head eines HTML-Dokuments, die nicht am Bildschirm für den Nutzer ausgegeben, jedoch elektronisch vom User-Agent (Browser, Search Robot)[20] ausgelesen werden.[21] Sie gehören damit zum hidden content. Mit Meta-Tags sollen Autoren ihre Seiten mit wenigen knappen Begriffen und Sätzen charakterisieren, so dass eine korrekte Einordnung der Webseiten möglich wird.[22]

Den Aufbau einer HTML-Seite mit Meta-Tags zeigt die folgende Abbildung.

---

[19] Einige Autoren (z.B. Eichhorn (2007), S. 220) zählen zum Hidden Content auch normale Textstellen, deren Farbe der des Hintergrundes angepasst wurde. Dies ist jedoch aus inhaltlicher Sicht des aufgebauten Quellcodes nicht zutreffend und daher wird im Rahmen dieser Arbeit Hidden Content lediglich am Aufbau des Quellcodes unterschieden.

[20] Der Begriff User-Agent stellt die Gesamtheit aller dem Abrufen einer HTML-Internetseite dienenden Software dar. Typische Arten sind z.B. Browser, wie der Internet Explorer, die die Seite am Bildschirm darstellen und Search Robots, wie z.B. Suchmaschinen, die die Seite indizieren und in einer Datenbank katalogisieren. Search Robots werden auch bei der Erstellung von Katalogen genutzt, wobei sie hierbei oftmals nur eine vorbereitende Rolle haben, da die eigentliche Katalogisierung einem Menschen überlassen bleibt.

[21] Vgl. Netzwelt (2007), online unter www.netzwelt.com/selfhtml.html.

[22] Vgl. Heim (2005), S. 20.

6

```
<html>
<head>
    <META NAME="keywords" CONTENT="Begriff1, Begriff2">
    <META NAME="content-language" CONTENT="de">
    <META NAME="Description" CONTENT=" Diese Seite informiert über">
</head>
<body>
</html>
```

Abbildung 2: Meta-Tags im Dokumentenkopf
Quelle: Eigene Abbildung.

Grundsätzlich bestehen alle Meta-Tags aus den Attributen NAME und CONTENT, indem sie sogenannte „name-value-pairs" als Kombination dieser Attribute bilden.[23]

```
    <META NAME ="keywords" CONTENT ="Begriff1, Begriff2"/>
```

Während der NAME den Namen und Typus des jeweiligen Meta-Tags bezeichnet, gibt der CONTENT den jeweiligen Inhalt an.

2.3.2. Arten und Klassifikation von Meta-Tags

Bedingt durch ihre Entstehung in der Praxis hat sich bei Meta-Tags bislang noch keine einheitliche Systematisierung durchsetzen können.

Als wichtiges von einem Gremium erarbeitetes Meta-Tag-Schema kann das von Dublin Core angesehen werden. Er ergänzt die bekannten Tags und strukturiert sie einheitlich.[24]

Grundsätzlich lassen sich Meta-Tags in die drei in der Abbildung 3 gezeigten Hauptgruppen unterteilen:

Abbildung 3: Arten von Meta-Tags
Quelle: Eigene Abbildung.

---

[23] Vgl. Worm (2002), S. 20.
[24] Vgl. Wikipedia (2007o), online unter de.wikipedia.org/wiki/Meta-Tag.

Die Kommunikationsanweisungen dienen einer Verbesserung der Kommunikation zwischen Client und Server und übermitteln weiterführende Informationen zur Codierung und zum Typus der vorliegenden HTML-Datei. Sie sind grundsätzlich auch als HTTP-equiv-Anweisungen möglich.[25]

Mit den Anweisungen für Search Robots lässt sich die Indizierung einer Webseite steuern, indem der Autor z.b. festlegen kann, ob seine Seite aufgenommen werden soll oder nicht.[26]

Für die vorliegende Arbeit sind jedoch die Meta-Tags der Gruppe der Seiteninformationen besonders relevant; mit diesen wird sich auch der folgende Abschnitt beschäftigen.

Typische Meta-Tags für die Seiteninformation sind z.B.

"author"	für den Namen des Seitenersteller
"keywords"	für die stichwortartige Zusammenfassung des Seiteninhalts
"description"	für eine kurze Beschreibung der Seite
"abstract"	für eine inhaltliche Zusammenfassung der Seite
"date"	für das Erstelldatum

Abbildung 4: Typische Meta-Tags
Quelle: Eigene Abbildung.

2.4. Manipulation der Suchmaschinenanfrage durch Schlagwörter

Grundsätzlich lassen sich zwei verschiedene Verfahren der Beeinflussung der Reihenfolge als Suchergebnis unterscheiden:

> ➤ einseitig durch Manipulation am Seitenquelltext (z.B. durch Meta-Tags)
> ➤ beidseitig durch Koppelung des Resultats an eine Suchmaschinenanfrage (z.B. durch Keyword-Buying und Paid Ranking).

In beiden Fällen zeigt sich, dass beliebte Begriffe sowie fremde Marken gern als entsprechende Kriterien genutzt werden.[27]

---

[25] Diese Meta-Tags agieren auf einer rein technischen Ebene und haben für Suchmaschinen keine Bedeutung.
[26] So bewirkt beispielsweise im Tag „robots" die Anweisung „noindex, nofollow", dass diese Seite nicht übernommen wird und ggf. abgehenden Links nicht gefolgt wird.
[27] Vgl. Heim (2005), S. 25.

2.4.1. Schlagwörter in Meta-Tags und deren Bedeutung für die Indizierung

Wie in Abschnitt 2.2. bereits angesprochen, interpretieren manche Suchmaschinen die vorliegende Seite primär nach den Meta-Tags, ohne auf den eigentlichen Inhalt zu achten. Daher kann eine Seite als Ausgabenliste einer Datenbankanfrage nach einem im Meta-Tag enthaltenen Schlagwort erscheinen, ohne dass ein Bezug der Seite zu diesem Schlagwort gegeben ist.[28]

Von besonderer Bedeutung sind dabei die Meta-Tags "keywords" und "description".[29] Sie gehören zu den klassischen Meta-Tags, die man in fast jeder Webseite findet und dienen einem stichwortartigen bzw. kurzen Wiedergeben des relevanten Seiteninhaltes.

Früher war es üblich, dass Suchmaschinen neben dem Titel und dem Dateinamen gerade den "keywords" und der "description" eine zentrale Bedeutung bei der Suchanfrage beimaßen und die dort genannten Begriffe von einigen Suchmaschinen höher gewichtet wurden als die im Text vorhandenen.[30] Grundlage war die Idee, dass der Seitenautor am besten wüsste, was die Seite behandelt und welche Schwerpunkte sie setzt.[31] Bei einer mehrmaligen Aufnahme desselben Schlagworts in den Meta-Tag bewerteten manche Suchmaschinen die schlagwortspezifische Relevanz der Webseite höher.[32]

Damit war es durchaus sinnvoll, anfrage-typische Schlagworte zu verwenden, nur um in den Treffer-Listen zu erscheinen – auch wenn die Website mit dem Suchwort gar nichts zu tun hatte. Dieses Vorgehen wird als Meta-Tagging bezeichnet.

Einige Autoren, z.B. Worm, vertreten hierzu die Ansicht, eine sachfremde Indexierung über den Meta-Tag "keywords" falle nicht so auf, als wenn der jeweilige Begriff sichtbar sei. Sie begründen das damit, dass eine Suchmaschine bei den Trefferlisten oftmals die "description" anzeigt, nicht jedoch die "keywords".[33] Dies ist jedoch heute vor dem Hintergrund dieses erkannten Problems nicht mehr zutreffend. Hier führt eine Datenbankanfrage sofort zum gleichen Ergebnis wie eine herkömmliche Anfrage.

---

[28] Vgl. Schröder (2004), S. 393.
[29] Einige Suchmaschinen erwarten statt eines Tags "description" einen Tag "abstract." Beide Tags können synonym verwendet werden, weswegen im Rahmen dieser Arbeit lediglich auf den Tag "description" eingegangen wird.
[30] Vgl. Holtkotte (2003), S. 21 f und Worm (2002), S. 21.
[31] Vgl. Menke (1999), S. 983 und Holtkotte (2003), S. 21.
[32] Vgl. Holtkotte (2003), S. 21.
[33] Vgl. Worm (2002), S. 21 f. Die Praxis in der Rechtsprechung zeigt jedoch, dass auch viele Unternehmen dieser Meinung zu folgen scheinen. Sämtliche untersuchten markenrechtlichen Rechtsprechungen zielten dabei auf den Meta-Tag "keywords" und nicht "description", was ggf. an der offenen und damit leicht zu erkennenden Darstellung des Inhalts der "description" liegt.

9

Außerdem hat der Nutzer die Möglichkeit mit nur zwei Mausklicks den Quellcode, und damit auch den Meta-Tag "keywords", sichtbar zu machen.[34]

Die Gründe für die Diskrepanz zwischen Meta-Tag und Seiteninhalt können vielfältiger Art sein. Im geschäftlichen Bereich können durch zusätzliche Meta-Tags zusätzliche Treffer erzielt und damit zusätzliche Besucher angelockt werden, aus denen ggf. potentielle Kunden werden, so dass eine theoretische Möglichkeit von zusätzlichen Einnahmen besteht. Damit liegt im geschäftlichen Fall auch ein nachvollziehbares Interesse an der Nutzung häufig nachgefragter Schlagwörter vor.[35]

Dennoch ist heute die Bedeutung der Begriffe in den Meta-Tags nicht mehr so signifikant wie noch vor einigen Jahren. Google als führende Suchmaschine bemisst diesen bereits seit über fünf Jahren keine Bedeutung bei, wenn sie nicht auch im Textteil der Webseite auftauchen. Ebenso agieren Altavista und AllTheWeb.[36]

In der Praxis ist somit die umfassende Manipulation des Rankings über Meta-Tags bei den führenden Suchmaschinen nicht mehr möglich. Es kann sogar das Gegenteil der Fall sein. Google könnte in seinem PageRank-Algorithmus eine Diskrepanz zwischen Keywords und Inhalt sogar negativ bewerten, da diese Art der Manipulationsversuche die „wahren" Treffer benachteiligen würde.[37]

Relevant war und ist die Verwendung der Schlagworte in Meta-Tags primär für Suchmaschinen und nicht für Verzeichnisse (Suchkataloge), da bei manuell-redaktioneller Prüfung die fehlende Verbindung zwischen Schlagwort und Seiteninhalt offensichtlich wird und die Indizierung (zumindest spezifisch) unterbleibt.[38]
Beim Ranking kommen damit Suchmaschinen und Suchverzeichnisse oftmals zu unterschiedlichen Prioritäten: Suchverzeichnisse zeichnen sich infolge ihrer manuellen

---

[34] Im Microsoft Internet Explorer 7.0 klickt man dazu auf "Seite" und anschließend auf "Seitenquelltext anzeigen".
[35] Meta-Tagging findet sich auch bei reinen privaten Seiten, allerdings fehlt dabei meist ein erkennbarer finanzieller Vorteil.
[36] Vgl. Searchenginewatch (2007), online unter searchenginewatch.com/showPage.html?page=2167891.
[37] Dieser Ansatz wird zumindest in diversen Webmasterforen diskutiert. Logisch nachvollziehbar wäre es, da man damit die nicht ganz preiswerten Keyword-Buys u.U. umgehen könnte, so dass auch hier eine konsequente „Abstrafung" dieser Manipulationsversuche möglich wäre. Weitere Informationen bietet www.google.com/technology/index.html.
[38] Vgl. Ziem (2003), S. 189.

Bearbeitung durch eine höhere spezifische Relevanz aus, während Suchmaschinen eher von „falschen" Seiten manipuliert werden können.[39]

Aber auch die Mehrheit der Suchmaschinen nutzt heute weitere Ranking-Kriterien. Typische Beispiele hierfür sind das Link-Popularity-Verfahren von Google sowie zunehmend auch die Zeitdauer, die ein Nutzer auf einer bestimmten Seite verweilt.[40]

Damit sinkt die Bedeutung der einseitigen Manipulation des Rankings durch Änderungen am Seitenquelltext inklusive der Verwendung nicht-zutreffender Meta-Tags immer weiter.

2.4.2. Keyword-Buys in Suchmaschinen und deren Bedeutung

Nach obigen Überlegungen müssen heute die beidseitigen Manipulationen (z.B. Keyword-Buys) im Vordergrund marken- und wettbewerbsrechtlicher Überlegungen stehen.

Beim Keyword-Buying[41] wird die in den Webseiten der Suchmaschinen / Suchkataloge gezeigte Werbung (in der Regel als Textlink) auf den jeweils angefragten Suchbegriff abgestimmt. Durch die Suchwortvermarktung werden jedes Jahr über 160 Millionen Euro umgesetzt, wobei dieser Wert voraussichtlich auch weiterhin signifikant steigen wird.[42] Besonders relevant ist dies gerade vor dem Hintergrund von GoogleMail, wo dem Nutzer automatisch zum Inhalt der gerade zu lesenden E-Mail Werbeinblendungen gezeigt werden.[43]

Bei Google-AdWords erscheinen die jeweiligen Werbeinblendungen direkt an der Trefferliste an leicht zu erkennender Stelle (z.B. über den eigentlichen Treffern,

---

[39] Vgl. Heim (2005), S. 18.
[40] Vgl. Heim (2005), S. 18.
[41] Google bietet dieses Verfahren als Google-AdWords an. AdWords ist hierbei die Abkürzung für Advertising Words (Werbebegriffe).
[42] Vgl. Hüsch (2007), S. 17 und Ullmann (2007), S. 639. Anzumerken ist ebenso, dass die Finanzierung der Suchmaschinen und Suchverzeichnisse nur über Werbung funktionieren kann, um eine Unabhängigkeit der Suchmaschine bei der Trefferliste zu erhalten. Ebenso wie bei Zeitungen kann deshalb hier in einem redaktionellen Teil (Trefferliste) und einem werbenden Teil (Anzeigen, sponsored links) unterschieden werden. Wenn beide Teile klar gegeneinander abgegrenzt sind, bietet sich hier an, eine Parallele zur Werbung in den klassischen Printmedien zu ziehen. Dort finden sich die Werbeanzeigen von Lidl, Penny, Aldi und Norma wahrscheinlich auch nicht nur zufällig immer hintereinander am gleichen Tag.
[43] In der Praxis werden diese Werbebanner als Anzeige, sponsored link etc., kenntlich gemacht. Bei GoogleMail umfassen sie den gesamten rechten Rand der angezeigten Internetseite.

hellgrün unterlegt sowie am rechten Seitenrand). Damit ist eine erkennbare Trennung zwischen redaktionellem und werbendem Teil der Suchmaschine vorhanden.[44]

Die bei den Suchmaschinen dazu hinterlegten Suchbegriffe wählen die jeweiligen werbenden Unternehmen selbst, so dass sie bei deren Eingabe in der Suchmaschine als Anzeige auf der Ergebnisseite angezeigt werden.

Allerdings taucht hierbei der gewählte Suchbegriff weder im Quelltext noch sichtbar in der Trefferlist auf. Damit ist die gedankliche Verknüpfung von Marke und Link lediglich mittelbar durch den Nutzer vorzunehmen.[45]

2.4.3. Paid Ranking

Eine weitere Form der gezielten Werbung über Suchbegriffe ist das Paid Ranking. Dabei wird eine Position innerhalb der Trefferliste versteigert. Je weiter oben der eigene Link bei einem bestimmten Suchwort erscheinen soll, desto mehr muss das jeweilige Unternehmen der Suchmaschine bieten.[46] Der Unterschied zum Keyword-Buying besteht darin, dass hierbei die Suchergebnisse nicht deutlich als solche gekauften markiert sind und man sie fast gar nicht von den normalen Anfrageergebnissen unterscheiden kann.[47]

Paid Ranking konnte sich bislang in der Landschaft der Suchmaschinen noch nicht durchsetzen. Das dürfte auch daran liegen, dass es das fundamentale Konzept von Suchmaschinen konterkariert. Damit erscheint die Suchmaschine als solche weniger vertrauenswürdig und wird langfristig von den Nutzern weniger oft angefragt werden.

Von daher spielt Paid Ranking keine wichtige Rolle und bleibt bei den folgenden Betrachtungen außen vor.

2.4.4. Word Stuffing

Ähnlich wie Meta-Tags verhalten sich im Textteil versteckte Begriffe. Diese sind jedoch zum öffentlichen Teil des Dokuments zu zählen, da sie grundsätzlich dem

---

[44] Einige Autoren sehen hier allerdings die potentielle Gefahr, dass für wenig versierte Internetnutzer der Eindruck entstehen könnte, es handele sich dabei nicht um einen Werbelink, sondern einen regulären Treffer.(Vgl. z.B. Hüsch (2007), S. 20.) Wie Anhang 1 und Anhang 2 zeigen, ist dies jedoch eher nicht anzunehmen.
[45] Vgl. Ziem (2003), S. 192. Die eingeblendete Werbung nennt ebensowenig den Markennamen.
[46] Vgl. Heim (2005), S. 24 f.

Nutzer gegenüber dargestellt werden. Allerdings nutzen die Autoren beim Word Stuffing die gleiche Text- und Hintergrundfarbe, so dass der Nutzer den Text nicht wahrnehmen kann.[48] Im Prinzip sind hierbei die gleichen rechtlichen Folgen wie bei den Meta-Tags (besonders beim Meta-Tag description) zu erwarten, da sie vom Search Robot genauso interpretiert werden.[49]

Eine zusätzliche Gefahr könnte durch die Kombination von Word Stuffing und Meta-Tagging entstehen, da dann u.U. der Suchmaschine die Diskrepanz zwischen Meta-Tag und Seiteninhalt nicht auffällt und sie der Webseite ggf. ein höheres Ranking zuweist.

2.5. Zwischenfazit zur Relevanz von Schlagworten

Fraglich und wichtig ist, ob ein Zusammenhang zwischen Schlagwort und Treffer gegeben ist. Sollten die Meta-Tags die Aufnahme in Suchmaschinen und Suchverzeichnisse nicht beeinflussen, kann man bei der rechtlichen Würdigung marken- und wettbewerbsrechtlicher Fragen zu anderen Resultaten kommen, als wenn dies der Fall wäre.[50]

Auch wenn die Bedeutung der Schlagworte in Meta-Tags deutlich nachgelassen hat, so sind sie noch immer für die Indizierung und das Ranking von Suchmaschinen bei der Informationssuche im WWW relevant. Durch die geschickte Kombination von Meta-Tagging und Word Stuffing lassen sich wohl auch weiterhin Ergebnislisten einseitig manipulieren, wenn auch nur in begrenztem Umfang.[51]

Durch neue Anwendungen, besonders das Adword-Buying, kommt es wohl in der Zukunft zu einer noch stärkeren Bedeutung der beidseitigen Manipulation von Trefferlisten.

Daher ist eine umfassende Würdigung von Schlagworten in Meta-Tags und AdWords der Keyword-Buys vor dem Hintergrund richterlicher Entscheidungen notwendig.

---

[47] Vgl. Sup4u (2007), online unter www.sup4u.de/suchmaschinen-glossar/P/Paid-Ranking/. Daher kommt es beim Paid Ranking eben nicht zur Trennung von redaktionellem und werbendem Teil, womit die Unabhängigkeit des Suchmaschinenbetreibers als nicht unbedingt gegeben anzusehen ist.
[48] Vgl. Ziem (2003), S. 190.
[49] Weitergehend kann man hierbei sogar eine unmittelbare Wahrnehmung seitens des Nutzers bejahen, da ihm die Zeichen elektronisch dargestellt werden, er sie also mit farblichem Unterschied direkt wahrnehmen könnte.
[50] Einer der wenigen Autoren, die sich diese fundamentale Frage überhaupt stellen, ist Heim (2005). Die meisten Autoren unterstellen einen entsprechenden Einfluss einfach.

3. Rechtliche Probleme von Meta-Tags und Keyword-Buys

Während das „klassische" Rechtsproblem im Internet in den Urheberrechtsverletzungen liegen dürfte, kommen gerade bei den Schlagworten in Meta-Tags und AdWords eher kennzeichenrechtliche und wettbewerbsrechtliche Bestimmungen in Betracht.
Trotz der in Kapitel 2.2. beschriebenen Vorbehalte der Suchmaschinen gegen Meta-Tags ist der Missbrauch von Meta-Tags in Deutschland noch immer verbreitet.[52]

Die deutschen Gerichte haben die Benutzung fremder Zeichen in Meta-Tags teils als einen Verstoß gegen § 14 ff MarkenG gesehen, aber teilweise auch als unlauteren Wettbewerb nach § 1, § 3 UWG (alte Fassung) kritisiert. Eine einheitliche Linie der Instanzgerichte ist nicht unbedingt erkennbar.[53] Erst letztes Jahr beschied der Bundesgerichtshof (BGH) erstmalig die Frage der Zulässigkeit fremder Marken in Meta-Tags.[54]

Hierbei könnten sich Ansprüche gegen den Inhaber der Webseite mit dem fraglichen Meta-Tag, dem Werbeschalter sowie gegen den Betreiber der Suchmaschine ergeben.[55]

3.1. Schutz durch das Marken- und Kennzeichnungsrecht

Das Markengesetz führt in § 3 I die als Marke schutzfähigen Zeichen auf, die u.a. „Wörter einschließlich Personennamen" sowie „Buchstaben" und „Zahlen" umfassen. § 5 I MarkenG schützt geschäftliche Bezeichnungen separat. Da es sich bei den Schlagwörtern im Meta-Tag um Buchstaben, Wörter oder Personennamen handeln muss, kann das Markengesetz folglich grundsätzlich Anwendung finden.
Der Markeninhaber wäre daher nach dem Markengesetz in seinem Ausschließlichkeitsrecht durch Unterlassungsansprüche und Schadensersatzansprüche geschützt.[56]
Der markenrechtliche Schutz bezieht sich dabei auf die Benutzung, die kennzeichenmäßige Benutzung und die Markenrechtsverletzung.

a) Benutzung

Bei der Benutzung fremder Marken sind zwei Fälle zu unterscheiden:

---

[51] Für den Fall, dass in Zukunft die Begriffe in Meta-Tags überhaupt keinen Einfluss mehr auf Such-maschinen haben, müssen die folgenden Überlegungen neu überdacht und angepasst werden.
[52] Vgl. Brömmelmeyer (2007), S. 375.
[53] Vgl. Brömmelmeyer (2007), S. 375 f.
[54] Vgl. BGH, Entscheidung vom 18.05.2006 (Az: I ZR 183/03) – Implus.
[55] Vgl. Ziem (2003), S. 204.
[56] Vgl. dazu die Bestimmungen in § 14 II - V und § 15 MarkenG.

1. der Betreiber einer Webseite verwendet einen Markennamen als Meta-Tag, um beim Nutzer den Eindruck hervorzurufen, er vertreibe dieses Produkt zumindest mittelbar und

2. der Betreiber einer Webseite verwendet einen Markennamen, um sein eigenes Produkt klar gegen den Wettbewerber abzugrenzen und die Vorteile zu zeigen.[57]

Damit zeigt sich, dass die Verwendung von Marken in Meta-Tags nicht von vornherein unzulässig sein dürfte, da sonst ein Produktvergleich im Internet fast unmöglich wäre.[58] Im Sinne des Markengesetzes könnten Schlagworte in Meta-Tags eine strittige Relevanz bilden, da eine Benutzung im Sinne des Markenrechts voraussetzt, dass diese gegenüber Menschen erfolgt, wogegen Meta-Tags sich an Browser und Suchmaschinen wenden.[59]

Das LG Hamburg hat dies jedoch zu Recht nicht als greifbares Argument anerkannt und festgestellt „unerheblich ist ..., dass die Meta-Tags zunächst nicht sichtbar sind. Entscheidend ist vielmehr, dass durch die Eingabe der Suchworte i.V. mit den gesetzten Meta-Tags die Website des Beklagten erreicht wird und damit ersichtlich der Rechner des jeweiligen Benutzers die Meta-Tags lesen kann."[60] Hinzu kommt außerdem, dass der Nutzer mit zwei Mausklicks die Begriffe im Quelltext auch unmittelbar wahrnehmen kann.[61] Daher kann potentiell auch eine nur mittelbar wahrnehmbare Benutzung den Tatbestand einer Markenrechtsverletzung erfüllen.[62]

b) Kennzeichenmäßige Benutzung

Gerade zum Thema kennzeichenmäßige Benutzung lassen sich in der Literatur kontroverse Ansichten und Argumentationen finden, die jedoch zum Großteil als

---

[57] Vgl. Brömmelmeyer (2007), S. 374. Strittig ist die Frage, ob es mit dem Kennzeichenrecht unvereinbar ist, wenn ein Meta-Tag zwar einen Markennamen beinhaltet, jedoch unter diesem nicht in der Trefferliste von Suchmaschinen erscheint. Hierbei führt zumindest die Argumentation eines Wettbewerbsvorteils ins Leere. (Vgl. Ziem (2003), S. 193). Hierbei fehlt es auch an der markenmäßigen Benutzungshandlung, da durch die fehlende Wahrnehmbarkeit des Inhalts des Meta-Tags durch die Nutzer auch keine Zuordnung des Zeichens einer Ware möglich ist. (Vgl. Ziem (2003), S. 196). Ebenso läuft hierbei auch die reine softwaretechnische Auswertung durch die Search Robots ins Leere. Zwar lesen diese den strittigen Meta-Tag, indizieren aber die Seite (z.B. durch die vorhandene Anweisung „noindex" oder einen gleichartigen Eintrag in der robots.txt) nicht. Daher wird dieser Fall aufgrund eines fehlenden wirtschaftlichen Praxisbezuges außen vor gelassen.
[58] Vgl. Brömmelmeyer (2007), S. 374. Außerdem lässt das MarkenG in § 23 allgemein die Verwendung fremder Marken zu, wenn dies wirtschaftlich notwendig ist. (Vgl. § 23 MarkenG).
[59] Vgl. Haug (2006), S. 143 und Köhler / Arndt / Fetzer (2006), S. 226 ff.
[60] Vgl. LG Hamburg, Urteil vom 13.09.1999 (Az: 315 O 258/99) - Galerie D'Histoire.
[61] Auch bei der Aufnahme einer Website in ein Suchverzeichnis kommt ein Mensch direkt mit den Meta-Tags in Berührung, wenn er die Seite klassifiziert.
[62] Vgl. OLG Hamburg, Urteil vom 06.05.2004 (Az: 3 U 34/02) - AIDOL. Brömmelmeyer argumentiert ferner, dass die Benutzung eines fremden Kennzeichens als Meta-Tag durch den (vermeintlichen)

kleinsten Nenner die Erwartungen des Nutzers an die jeweilige Suchmaschinenanfrage und die Relevanz der Seite haben. Damit folgt die Notwendigkeit, den Gesamteindruck einer Website zu würdigen.[63]

Aus diesem Grund muss es zu einer umfassenden Betrachtung des jeweiligen Schlagworts im Zusammenhang mit der jeweiligen Seite kommen. „Wenn die betreffende Website neutral und markenrechtlich nicht zu beanstanden ausgestaltet ist, bietet sich für eine kennzeichenrechtliche Benutzung des Zeichens als Meta-Tag kein Anhalt", so das OLG Düsseldorf.[64] Dies ist z.b. bei Produktvergleichen gegeben und auch notwendig.

Im Umkehrschluss folgt daraus, dass eine Meta-Tag-unterlegte Webseite, die so gestaltet ist, als dass sie mit dem Internetauftritt der verwendeten Marke verwechselt werden könnte, eine kennzeichenrechtliche Verletzung darstellt.[65]

c) Markenverletzung

Eine Markenverletzung dürfte nur im Falle von Markenidentität gemäß § 14 II MarkenG einschlägig sein.[66] So hat wieder vor dem Hintergrund der Informationssuche im Internet der EuGH entschieden, dass eine Verwendung der Marke „BMW" als Meta-Tag für ein auf BMWs spezialisiertes Reparaturunternehmen zulässig sei.[67]

Eindeutig ist die Rechtssprechung zur Verwendung von Marken- und Firmennamen in Meta-Tags ohne entsprechende Produktvergleiche.[68] So entschied das LG Hamburg bereits 2000, dass die Verwendung von Bestandteilen eines Firmennamens als Meta-Tag einen Verstoß gegen § 5 MarkenG darstellen würde. Dies gelte auch dann, wenn markenrechtliche Ansprüche mangels Verwechslungsgefahr nicht einschlägig seien, da eine potentielle Umleitung von Kunden möglich wäre.[69]

Ähnlich entschied auch das OLG München und erkannte damit die Eintragung einer Marke im Meta-Tag als Verstoß gegen § 14 II Nr. 2 und § 14 II Nr. 5 MarkenG an, womit ein Unterlassungsanspruch gegeben sei.[70]

Treffer den Eindruck erwachsen lasse, dass das jeweilige Produkt „zumindest wirtschaftlich mit dem Betreiber verbunden" sei. (Brömmelmeyer (2007), S. 377).
[63] Vgl. Brömmelmeyer (2007), S. 381.
[64] Vgl. OLG Düsseldorf, Urteil vom 15.07.2003 (Az: 20 U 21/03) - Impuls.
[65] Vgl. Haug (2006), S. 144 und Brömmelmeyer (2007), S. 381.
[66] Vgl. Brömmelmeyer (2007), S. 382.
[67] Vgl. EuGH, Urteil vom 23.02.1999 (Az: C-63/97) - BMW/Deenik und Brömmelmeyer (2007), S. 384.
[68] Für vergleichende Werbung enthält § 6 UWG seit 2004 umfassende Sonderrechte.
[69] Vgl. LG Hamburg, Urteil vom 13. 9. 1999 (Az: 315 O 258/99) - Galerie D'Histoire, ähnlich auch LG München I, Urteil vom 24.06.2004 (Az: 17HK O 10389/04) – Impuls.
[70] LG München I, Urteil vom 20.09.2000 (Az: 7 HKO 12081/00) – Explorer

Der BGH folgte dieser Ansicht in seinem Urteil vom 18.05.2006: „Das Verwenden fremder Kennzeichen und Marken im eigenen Quelltext, insbesondere innerhalb der Metatags, stellt einen Markenrechtsverstoß dar. Für eine markenmäßige Verwendung bedarf es hierbei keiner unmittelbaren visuellen Wahrnehmbarkeit."[71]

3.2. Schutz durch das Wettbewerbsrecht

Das Wettbewerbsrecht dient gemäß § 1 UWG dem Schutz eines Wettbewerbers vor unlauteren Methoden der Mitbewerber, dem Schutz des lauteren Wettbewerbs als Allgemeinwohl und dem Schutz der Verbraucher in ihrer Entschließungsfreiheit, wobei alle drei Zwecke gleichrangig ausgelegt sind.[72]

Das Rechtsschutzsystem durch das UWG beinhaltet die Parameter Irreführung, Belästigung, Rufausbeutung, Rufschädigung und Behinderung.[73]

§ 3 UWG regelt das Verbot des unlauteren Wettbewerbs, der sich in fünf Fallgruppen (Kundenfang, Behinderung, Ausbeutung, Rechtsbruch, Marktstörung) äußern kann.[74]

Bei einem Verstoß gegen die Lauterbarkeit im Wettbewerb sind Abwehransprüche, Schadensersatzansprüche sowie Gewinnabschöpfungsansprüche möglich.[75]

a) Irreführung (§ 5)

Bei der Beurteilung einer möglichen Irreführung ist auf das Verständnis eines durchschnittlichen Nutzers abzuzielen. Dieser wird sicherlich nicht damit rechnen, dass alle Trefferlisten einer Suchanfrage direkt der das Produkt innehabende Unternehmer oder ein Händler ist, sondern es ist bekannt, dass die meisten Websites nur „am Rande" etwas mit dem eigentlich gesuchten Schlagwort zu tun haben. Unter dieser Prämisse kann nach logischer Überlegung Irreführung nur anerkannt werden, wenn ein Meta-Tag inhaltlich überhaupt nichts mit dem Produkt zu tun hat.[76] Keinesfalls kann Irreführung dadurch entstehen, dass ein Unternehmen auf ein potentielles Konkurrenzprodukt zur Suchanfrage hinweist.[77] Der BGH vertritt dazu die Ansicht, dass „ein fremdes Kennzeichen [...] möglicherweise als Suchwort verwendet werden [kann], um auf eine

---

[71] BGH, Urteil vom 18.05.2006 (Az: I ZR 183/03) – Impuls. In der Urteilsbegründung wird allerdings relativiert, dass diese Aussage bei Produktvergleichen nach § 6 UWG nicht gelten müsse.
[72] Vgl. § 1 UWG: „Dieses Gesetz dient dem Schutz der Mitbewerber, der Verbraucherinnen und der Verbraucher sowie der sonstigen Marktteilnehmer vor unlauterem Wettbewerb. Es schützt zugleich das Interesse der Allgemeinheit an einem unverfälschten Wettbewerb" und Haug (2006), S. 43 f.
[73] Vgl. Brömmelmeyer (2007), S. 384 – 395.
[74] Vgl. Haug (2006), S. 45.
[75] Vgl. dazu §§ 8, 9, 10 UWG.
[76] Vgl. LG Düsseldorf, Urteil vom 27.03.2002 – Roben.

kennzeichenrechtlich zulässige Benutzung des fremden Zeichens hinzuweisen. Dies kommt beispielsweise dann in Betracht, wenn ein Anbieter sein Angebot auf seiner Internetseite mit den Angeboten der Wettbewerber in zulässiger Weise vergleicht [...] und dabei die Unternehmenskennzeichen oder Marken der Unternehmen anführt, deren Leistungen in den Vergleich einbezogen worden sind."[78]

Brömmelmeyer geht über diese Überlegung noch hinaus, indem er neben der inhaltlichen Richtigkeit des Meta-Tags auch eine verhältnismäßige Richtigkeit fordert.[79]

Nach Ansicht der Rechtssprechung genügt hierfür allerdings bereits ein Treffer (kurzfristiger Irrtum), obwohl beim Blick auf die Seite gleich klar wird, dass sie mit dem eigentlichen Kennzeichen nichts zu tun hat. Begründet wird dies mit der Aufmerksamkeit und dem Kundenabfangen.[80]

Damit ist die Irreführung durch Meta-Tags in bestimmten Einzelfällen möglich.[81] Bei keyword-basierten Werbeanzeigen kann bei ausreichend kenntlich gemachter Werbung als solche nicht von Irreführung ausgegangen werden.[82]

b) Belästigung (§ 7 I UWG)

Durch eine höhere Aufmerksamkeit bei der Verwendung allgemeiner sprachlicher Begriffe könnte sich ein unlauteres Anlocken im Sinne des § 3 UWG ergeben und dabei gleichzeitig eine Belästigung der Nutzer vorliegen.

Eine Belästigung durch allgemeine sprachliche Begriffe und Gattungsbegriffe, die in einem Verhältnis zum Inhalt der Seite stehen, wird in den Rechtssprechungen der Instanzgerichte der letzten Jahre fast ausschließlich negiert.[83]

---

[77] Vgl. dazu auch die Überlegungen von Brömmelmeyer (2007), S. 384 – 387.
[78] Vgl. BGH, Urteil vom 18.05.2006 (Az: I ZR 183/03) – Impuls.
[79] Vgl. Brömmelmeyer (2007), S. 387. Dies sei u.a. dadurch gegeben, dass ein Schlagwort im Meta-Tag eben nicht mehrfach vorkommen dürfe, wenn lediglich eine nebensächliche Beziehung vorliege. Ob diese Bedingung notwendig ist, sei allerdings im Hinblick auf den heute nur noch begrenzten Einfluss der Meta-Tags auf das Ranking diskutabel.
[80] LG Essen, Urteil vom 26.05.2004 (Az: 44 O 166/03), OLG Düsseldorf, Urteil vom 17.02.2004 (Az: 20 U 104/03). Auch der BGH folgt dieser Argumentation und sieht eine grundsätzliche „Gefahr, dass der Internetnutzer dieses Angebot aufgrund der Kurzhinweise mit dem Angebot der Klägerin verwechselt und sich näher mit ihm befasst. Dies reicht für die Annahme einer Verwechslungsgefahr aus, ohne dass es darauf ankommt, ob ein Irrtum bei näherer Befassung mit der Internetseite der Beklagten ausgeräumt würde." (Vgl. BGH, Urteil vom 18.05.2006 (Az: I ZR 183/03) – Impuls).
[81] Das LG Essen (Urteil vom 26.05.2004, Az.: 44 O 166/03) sah das kompendiumartige Auflisten mehrerer hundert Meta-Tags ohne einen inhaltlichen Zusammenhang zum Inhalt der Internetseite als eine Manipulation von Suchmaschinen an.
[82] Ein Beispiel zur Trennung von Trefferliste und Werbeanzeige findet sich im Anhang 1.
[83] Im Gegensatz dazu: LG Düsseldorf (Urteil vom 27.03.2002, Az. 12 O 48/02 – Roben). Das LG zog dabei eine Parallele zwischen E-Mail-Werbung und den Gattungsbegriffen. Das OLG Düsseldorf folgte in seinem Urteil vom 01.10.2002 (Az. 20 U 93/02) dieser Argumentation nicht und ließ sogar grundsätzlich allgemein gehaltene Begriffe zu.

Damit folgen die Gerichte der Auffassung, dass trotz beschränkter Leitungskapazitäten durch die Anfrage (Modem, Kosten je Minute oder Datenvolumen), es sich hierbei nicht um eine übermäßig unzulässige Belästigung handelt. Diesem ist im Hinblick auf die Technik des Internets und die zunehmende Webseitengröße zuzustimmen. Grafiken belasten den Verkehr viel mehr als Datenbankanfragen, die aus nur wenigen Bytes bestehen.[84]

Eine Belästigung durch Meta-Tags im Sinne des UWG ist somit nicht erkennbar. Gleiches kann auch für eine Belästigung durch Keyword-Buys angenommen werden, da sie gegenüber anderer Werbung keine zusätzlichen Leistungskapazitäten beansprucht.

c) Rufausbeutung und Rufschädigung (§ 3, § 4 Nr. 7 UWG)

Beinhaltet ein Meta-Tag einen fremden Markennamen oder einen bekannten Werbespruch eines Konkurrenten, so könnte die Ausnutzung oder die Schädigung seines Rufes vorliegen, den sich dieser jahrelang und zu entsprechenden Kosten aufgebaut hat.[85]

Voraussetzung für eine Rufausbeutung wäre die Nutzung der fremden Marke derart, dass sich das eigene Produkt an den guten Ruf des Markeninhabers anlehnt und diesen ausnutzt. Dies ist jedoch lediglich über die Nennung der Marke im Meta-Tag oder als AdWord nicht machbar und erfordert eine aktive Umsetzung im Textteil der Webseite.[86]

Ebenso fällt es schwer, die Voraussetzungen für eine Rufschädigung lediglich durch einen Meta-Tag erkennen zu wollen. Zwar ist es denkbar, dass ein Wettbewerber minderwertige Produkte unter der Marke des Markeninhabers verkauft, allerdings sind dann die Bestimmungen der §§ 14, 15 MarkenG einschlägig. Auch dies kann nicht ausschließlich durch einen Markennamen im Meta-Tag oder als Keyword-Buy erfolgen.[87]

Rufausbeutung und Rufschädigung lediglich durch Meta-Tags und Keyword-Buys sind somit nicht relevant.

---

[84] Auch ein direkter Vergleich mit E-Mail-Werbung ist kaum möglich. Letztere gelangt sowohl in das Postfach, kann es verstopfen, erfordert einen deutlich höheren Sortieraufwand und kann u.U. sogar Viren transportieren.
[85] Vgl. Haug (2006), S. 145.
[86] Vgl. Brömmelmeyer (2007), S. 392.
[87] Vgl. Brömmelmeyer (2007), S. 392 f.

d) Behinderung (§ 3, § 4 Nr. 10 UWG)

Eine Behinderung kann sich bei der Verdrängung des Markeninhabers auf Suchmaschinentrefferlisten ergeben, was eine wettbewerbswidrige Behinderung in Form von Kundenfang darstellen könnte.[88] Dies ist technisch (im Hinblick auf die hohe Priorität von Domain-Namen beim Ranking) allerdings nur sehr schwer möglich.[89] Eher vorstellbar ist eine Verdrängung von Händlerseiten der Marke durch einen Mitbewerber. So rufen z.b. nur 7% aller Nutzer mehr als drei Seiten der Trefferliste ab, was etwa 75 Links entspricht.[90]

Daher kann eine Behinderung unter bestimmten Bedingungen zutreffen, wobei auch hier das Kennzeichen im Meta-Tag lediglich einen Teil der Manipulation bildet.[91]

In der Suchmaschinen-Praxis könnte der Konkurrent durch diese Meta-Tag-Praxis gegebenenfalls sogar von seinem Platz auf der Ergebnisliste verdrängt werden, womit ein potentielles Abwerben von Kunden möglich würde.

Nach h.M. der Rechtssprechung genügt hierfür jedoch die einfache Verwendung eines betreffenden Meta-Tags nicht.[92]

Als Behinderung im Sinne des UWG muss allerdings neben der Verdrängung auch eine „kommerzielle Kommunikation in einem sachfremden Kontext" vorliegen. Dies ist erst dann möglich, wenn die Webseite keinen inhaltlichen Bezug zur Marke enthält.[93]

Damit sind Produktvergleiche zulässig, da sie über keinen sachfremden Kontext verfügen.

Werden Meta-Tags bewusst so eingesetzt, dass sie Mitbewerber behindern, also wenn durch ihre Nutzung z.B. der Wettbewerber in der Ergebnisliste von einer Seite, die mit der Marke nichts zu tun hat, nach unten verdrängt wird, so dass er mit weniger Besuchern zu rechnen hat, liegt ein Verstoß gegen § 4 Nr. 10 UWG vor.[94]

Damit ist die Behinderung durch Meta-Tags in bestimmten Einzelfällen gegeben. Gleiches gilt auch für AdWords, wenn hierbei eine Werbeeinblendung des Markeninhabers derart verdrängt wird, dass sie nicht mehr auf Anhieb sichtbar ist.[95]

---

[88] Vgl. Holtkotte (2003), S. 89.
[89] Früher war es aufgrund der anderen Prioritätsbestimmung eher und relativ einfach möglich, mehrere Seiten zu einem bestimmten Schlagwort ausgeben zu lassen und dadurch andere Webseiten zu verdrängen. Vgl. dazu Holtkotte (2003), S. 21.
[90] Vgl. Holtkotte (2003), S. 5.
[91] Zusammen mit Word Stuffing und gegenseitigem Verlinken mehrerer Seiten ist ein Einfluss auf die Positionierung durchaus denkbar.
[92] Vgl. OLG Düsseldorf, Urteil vom 17.2.2004 (Az: I-20 U 104/03) - Softair.
[93] Brömmelmeyer (2007), S. 394.
[94] Vgl. Eichhorn (2007), S. 220.
[95] Ist jedoch der Markeninhaber auf Anhieb unter den regulären Treffern, so entfällt dieses Argument.

20

3.3. Fazit zur Verwendung von Meta-Tags

Wer in Form von Meta-Tags fremde Marken, Firmenbezeichnungen oder Begriffe benutzt, die in keinem Zusammenhang mit dem Inhalt seiner Webseite stehen, verstößt nach heutiger h.M. und Rechtssprechung des BGH gegen das Wettbewerbs- und Markenrecht. Dabei ist es unerheblich ob dies sichtbar oder nicht sichtbar erfolgt.

Dies gilt allerdings dann nicht, wenn der Wettbewerber mit Hilfe der markenrechtlichen Nutzung einen Produktvergleich durchführt und dabei sein Produkt klar gegen das Markenprodukt abgrenzt, da es dann an einer kennzeichenmäßigen Nutzung fehlt.

Nutzt er die fremde Marke jedoch, um eigene Produkte als „solche des Markeninhabers auszugeben", so handelt es sich um einen Verstoß gegen § 14 II, III MarkenG.[96]

Zulässig ist die Verwendung des eigenen Namens in Meta-Tags sowie Gattungsbegriffe, wenn sie in einem Zusammenhang zum jeweiligen Inhalt der Webseite stehen.[97]

Eine Behinderung hingegen kann auf jeden Fall dann bejaht werden, wenn der eigentliche Markeninhaber von der Trefferliste verdrängt wird. Ebenso kann im Einzelfall der Missbrauch von Marken in Meta-Tags als Irreführung anerkannt werden.[98]

3.4. Streitfall Keyword-Buying

Der BGH hat sich bislang nur mit Meta-Tags, nicht jedoch mit AdWords auseinandergesetzt und untersagte 2006 grundsätzlich die Verwendung fremder Markennamen in Meta-Tags.[99]

Eine Übertragung dieser Entscheidung auf AdWords ist nicht so einfach möglich. Daher ist weiterhin die rechtliche Bedeutung von Schlagworten beim Keyword-Buying strittig. Hier gibt es bislang kein einheitliches Bild, weswegen das Phänomen Keyword-Buying umfassender diskutiert werden muss.[100]

Auf den ersten Blick mag einiges dafür sprechen, im Rahmen einer sinnvollen Gesamtwürdigung der Umstände, einen markenmäßigen Gebrauch aus Nutzersicht beim

[96] Brömmelmeyer (2007), S. 375 f.
[97] Vgl. Eichhorn (2007), S. 219.
[98] Vgl. Brömmelmeyer (2007), S. 395 f.
[99] Vgl. dazu Abschnitt 3.1. und 3.2. der vorliegenden Arbeit und FTD (2007), FTD vom 24.07.2007: Moooooooogle. Ausgenommen sind weiterhin die Aspekte der vergleichenden Werbung (§ 6 UWG).
[100] Vgl. Heim (2004), S. 93.

Adword-Buying unter den gleichen Voraussetzungen zu bejahen wie beim Meta-Tagging.[101]

Aber zwischen Meta-Tagging und Keyword-Buying besteht ein signifikanter Unterschied unter technischen Gesichtspunkten.[102] Während Meta-Tags von Suchmaschinen gelesen und interpretiert werden und dieses Ergebnis mittelbar Menschen zugängig gemacht wird, findet bei AdWords diese Interpretation und Zugängigmachung nicht statt.[103] Beim Meta-Tagging taucht die Marke zumindest im Quellcode der HTML-Seite auf; beim Keyword-Buying ist das AdWord weder gegenüber dem Browser noch mittelbar gegenüber einem Nutzer erkennbar. Dieser sieht einfach eine thematisch passende Werbeeinblendung.[104]

Von daher spricht vieles dafür, AdWords nicht als kennzeichenrechtliche Benutzungs-handlung des Markengesetzes, sondern als Instrument der vergleichenden Werbung zu sehen.[105] Als Konsequenz aus diesen Überlegungen muss auch im Wettbewerbsrecht eine generelle unlautere Ausnutzung i.S. des § 14 II Nr. 3 MarkenG negiert werden, da hierfür eine markenmäßige Benutzung Voraussetzung ist.[106]

Gerade der direkte Preis- und Konditionsvergleich im Internet erfordert sogar, dass man auch "Konkurrenzprodukte" in Suchergebnissen sehen kann. Im klassischen Kaufhaus stehen auch Geräte mehrerer Anbieter nebeneinander, die man miteinander vergleichen kann. Im Internet erfüllen die Suchanfragen von Suchmaschinen somit die Aufgabe, einen "virtuellen Katalog" für einen potentiell interessierten Kunden zu bilden. Dafür

---

[101] Vgl. Heim (2005), S. 160. Dazu kann ein Vergleich mit der klassischen Werbung im Radio und Fernsehen gezogen werden. Wie diese, kosten auch Adword-Buys Geld. Dieses gibt nach herkömmlichem Verständnis entweder der Markeninhaber oder ein Händler aus, die sich von der Nutzung der Marken zwecks Verkaufes einen finanziellen Vorteil erhoffen.

[102] Einige Autoren argumentieren hier auch mit nutzerspezifischen Überlegungen. So wäre bei einer herkömmlichen Datenbankabfrage und deren Ergebnisliste dem Nutzer ein Zusammenhang zwischen Suchworteingabe und Ergebnisliste klar. Dies könnte beim Keyword-Buying für einige Nutzer noch nicht der Fall sein. Lediglich ein Teil der Nutzer mag einen Zusammenhang zwischen dem Werbe-banner (das ja das Zeichen nicht enthält) und dem Suchbegriff vermuten, womit die Annahme einer rechtserheblichen Benutzung eventuell schwer fallen könnte. (Vgl. Heim (2005), S. 160). Allerdings dürfte es doch einem erheblichen Teil der Nutzer aufgefallen sein, dass ein Zusammenhang zwischen Suchbegriff und Werbeanzeige besteht und es nicht nur „Zufall" sein kann. Daher kann dies heute nicht als Argument anerkannt werden, um den markenrechtlichen Gebrauch zu negieren.

[103] Es ist auch nicht sicher möglich, ohne Zugang zu den Geschäftsdaten der Suchmaschine zu erhalten, festzustellen, ob es überhaupt ein bestimmter Begriff als Adword war, der den Treffer brachte.

[104] Es ist hier der Nutzer, der durch die Eingabe eines Kennzeichens zu einer Suchmaschinenausgabe führt.

[105] Vgl. dazu auch Ullman (2007), S. 638 f.

[106] Vgl. Ullman (2007), S. 639. Im Einzelfall kann natürlich trotzdem eine unlautere Handlung vorhanden sein. Die ist jedoch von Fall zu Fall abzuwägen und lässt sich nicht pauschal bewerten.

sind, bedingt durch die Technik des Internets und seiner Suchmaschinen, intern hinterlegte Suchbegriffe die einzige praktikable Möglichkeit.[107] Hinzu kommt, dass die Werbeeinblendungen der AdWords deutlich als solche kenntlich gemacht sind, so dass selbst wenig erfahrenen Nutzern bewusst ist, dass es sich bei dem "Treffer" um die Werbung eines potentiellen Wettbewerbers handelt.[108] Weiterhin ist der Aspekt der Finanzierung von Keyword-Buys wichtig. Im Gegensatz zu Meta-Tags kosten diese dem jeweils werbenden Unternehmen nicht unerheblich Geld, so dass die Verwendung von Gattungsbegriffen und Kennzeichen ohne einen direkten Bezug zur Webseite nur sehr selten vorkommen dürfte.

Allerdings folgt die Rechtssprechung diesen grundsätzlichen Überlegungen nur vereinzelt.

So sah beispielsweise das LG Leipzig in der Benutzung eines Markennamens als bloßes Keyword im Rahmen von Google-AdWords keinen kennzeichenmäßigen Gebrauch und somit auch keine Markenverletzung, da unter der Benutzung einer Marke nur eine Benutzung gegenüber der Allgemeinheit zu verstehen sei und es dieser bei der bloßen Buchung von AdWords als unerlässliches tatbestandliches Merkmal für eine Marken-verletzungshandlung fehle. Ob in der Verwendung einer fremden Marke als Google-AdWord eine wettbewerbswidrige Handlung liege, ließ das Gericht offen, da es im konkreten Einzelfall zu entscheiden sei. Eine wettbewerbswidrige Rufausbeutung sei jedoch in jedem Fall zu verneinen, wenn der Marken-Inhaber bei der normalen Such-maschinen-Trefferliste unter den ersten Treffern gelistet ist.[109] Auch das LG Hamburg sah keine Markenrechtsverletzung vorliegen, so lange die Werbung deutlich als solche erkennbar sei.[110] Konträr hingegen ist allerdings die Ansicht des LG München I, das explizit einen markenrechtlichen Verstoß durch Google-AdWords bejahte.[111]

---

[107] Technisch ließe sich zwar auch eine Abstraktion von einem Markenbegriff auf einen allgemeinen Begriff realisieren (z.B. von BMW auf Auto), allerdings ist dies mit einem umfassenden Verlust an „Schärfe", also an Zielgenauigkeit, der Werbemaßnahme verbunden, so dass im Rahmen einer sinnvollen Interessenabwägung dies keine praktikable Lösung darstellen kann.

[108] Beispiele für die erkennbare Trennung der Inhalte finden sich im Anhang 1 und in Anhang 2.

[109] Vgl. LG Leipzig, Urteil vom 08.02.2005 (Az.: 5 O 146/05) - Keine Markenverletzung durch Google-Keyword. Die Richter vertraten die Ansicht, dass derartige Banner mit kontext-sensitiver Werbung in Printmedien zu vergleichen seien und damit rechtmäßig wären. Das Urteil wurde vom OLG Dresden Urteil vom 30.8.2005 (Az: 14 U 498/05) bestätigt. (Vgl. dazu ähnlich: sowie Hüsch (2007), S. 23).

[110] Vgl. LG Hamburg, Urteil vom 21.12.2004 (Az: 312 O 950/04) - Platzierung AdWords.

[111] Vgl. LG München I, Beschluss vom 27.10.2005 (Az.: 9HK O 20800/05) - Markenverletzung durch Google-AdWords.

Diesem Ansatz sind das LG Braunschweig 2005 und das OLG Braunschweig 2006 weitergehend gefolgt und sie sehen in der Verwendung eines markenrechtlich geschützten Begriffes als AdWord eine wettbewerbsrechtliche Verletzung. Dabei setzten die Gerichte die AdWords den Meta-Tags gleich und folgten der einschlägigen Rechtssprechung bezüglich Kundenfangs und Verwechslungsgefahr. So sei es für eine markenmäßige Benutzung nicht notwendig, dass das Schlagwort für den Internetnutzer in sichtbarer Weise mit dem Konkurrenten der Markeninhaberin verknüpft ist. Es sei bereits ausreichend, dass der Begriff dazu verwendet werde, auf die Internetseiten der Konkurrenz hinzuweisen.[112]

Das OLG Düsseldorf wiederum hielt die Verwendung geschützter Bezeichnungen als AdWords im Januar 2007 sowohl marken- als auch wettbewerbsrechtlich für zulässig.[113]

Auch die wettbewerbsrechtlichen Aspekte erfreuen sich keiner klaren Rechtssprechung. Hierbei könnte das werbende Unternehmen potentielle Kunden des Markeninhabers an sich ziehen und damit den guten Namen und den Bekanntheitsgrad des Konkurrenten nutzen.[114] So bejahte z.B. das LG Berlin[115] einen entsprechenden Verstoß gegen § 1 UWG (a.F.) mit dieser Argumentation, während das LG Frankfurt am Main[116] diesen negierte.

Erst mit einer Entscheidung des BGH zum Keyword-Buying wird sich hierzu auch eine einheitliche Positionierung finden lassen.[117]

Aus technischer Sicht wird das jeweilige Kennzeichen oder der jeweilige Gattungsbegriff nur intern gespeichert und nicht ausgegeben, weswegen ein direkter Vergleich mit Meta-Tags schwer fallen dürfte.

---

[112] Vgl. LG Braunschweig, Urteil vom 28.12.2005 (Az.: 9 O 2852/05) – Google-AdWord Impuls, bestätigt durch OLG Braunschweig am 05.12.2006 und Aufrecht.de (2007), online unter www.aufrecht.de/4478.html.

[113] Vgl. OLG Düsseldorf, Urteil vom 23.01.2007 (Az: I-20 U 79/06) und FTD (2007), FTD vom 24.07.2007: Moooooooogle. Das OLG argumentiert dabei, eine Verwechslungsgefahr würde dadurch ausgeschlossen, dass die Anzeige deutlich als solche erkennbar sei und auf das werbende Unternehmen verweise. Wenn im Anzeigenbereich ein mit einem anderen Zeichen als dem gesuchten gekennzeichneter Link bereitgestellt würde, und das Suchwort selbst in der Anzeige nicht enthalten sei, würde der Internetnutzer nicht annehmen, die Werbeanzeige stamme von dem Unternehmen, dessen Kennzeichen als Suchwort eingegeben wurde, so das Gericht. Darüber hinaus sei auch kein Verstoß gegen das Wettbewerbsrecht festzustellen. Der bloße Umstand, dass bei der Eingabe eines fremden Unternehmenskennzeichens als Suchwort auch eine Anzeige eines Mitbewerbers erscheine, stelle für sich genommen keine unlautere Beeinflussung der potentiellen Kunden dar. (Vgl. IT-Rechtsinfo (2007), online unter www.it-rechtsinfo.de/index.php/news/20/106/).

[114] Vgl. dazu auch FTD (2007), FTD vom 24.07.2007: Moooooooogle.

[115] Vgl. LG Berlin, Entscheidung vom 12.01.2001 (Az: 15 O 22/01) – Online-Blumenversand.

[116] Vgl. LG Frankfurt, Urteil vom 13.9.2000 (Az: 2- 06 O 248/00).

[117] FTD (2007), FTD vom 24.07.2007: Moooooooogle.

3.5. Haftung von Suchmaschinen und Suchverzeichnissen

Suchmaschinen lehnen es auf ihrer Keyword-Buying-Informationsseite ab, für die Schlagworte und den Inhalt der AdWords-Anzeigen verantwortlich zu sein und delegieren dies an die jeweiligen Website-Betreiber bzw. Adword-Bucher.[118]

Umfassende Unterlassungsansprüche gegen den Betreiber einer Suchmaschine sind in der Regel auch nicht gegeben.[119] Analog der wettbewerbsrechtlichen Störerhaftung des BGB[120] existieren lediglich eingeschränkte Prüfungspflichten.[121] Bei Vernachlässigung dieser und damit der für jedermann offenkundigen kennzeichenrechtlichen Verletzungen könnten allerdings auch Ansprüche gegen Suchmaschinen und Domain-Registraturen denkbar sein.[122] So vertritt z.B. das Landgericht München I die Auffassung, es sei einem Suchmaschinenbetreiber nicht zuzumuten, wettbewerbsmäßige oder markenrechtliche Unterlassungsansprüche detailliert zu prüfen.[123]

Begründen lässt sich diese Rechtssprechung mit der Rolle der Suchmaschine als Systematisierungsmedium, das lediglich nur ein Vermittler von fremden Inhalten ist.

Vor dem Hintergrund des Umfangs des Internets und der Bedeutung von Suchmaschinen als einziges funktionierendes Such- und Analyseinstrument ist dies auch der einzige praktikable Ansatz.

---

[118] Vgl. z.B. Google (2007), online unter adwords.google.de/select/Login.
[119] Eine mögliche Anspruchsnorm wäre hierfür § 14 III Nr. 5, § 15 IV MarkenG.
[120] Vgl. § 1004 BGB.
[121] Vgl. LG Hamburg, Urteil vom 21.9.2004 (Az: 312 O 324/04) – Störerhaftung Suchmaschine und Ziem (2003), S. 204.
[122] So bejaht das OLG Karlsruhe in einem Urteil vom 22.10.2003 (Az.: 6 U 112/03) eine Störerhaftung des Domain-Registrators, da der Kunde (als admin-C) mit einer Postfachadresse auf den Cayman-Islands nicht zu ermitteln war. Vgl. dazu auch Ziem (2003), S. 192 f und FTD (2007), FTD vom 24.07.2007: Moooooooogle.
[123] Vgl. LG München I, Urteil vom 20.09.2000 (Az: 7 HKO 12081/00) – Explorer.

4. Fazit: zulässige und unzulässige Verwendung von Meta-Tags und AdWords

Während die Verwendung von Schlagworten in Meta-Tags durch den BGH logisch nachvollziehbar entschieden wurde, herrscht bei den AdWords weiterhin eine Vielzahl kontroverser und mitunter unlogischer Meinungen der Rechtssprechung.

Zulässig ist die Verwendung fremder Marken, Firmenbezeichnungen oder Begriffe in Meta-Tags nur, wenn der Wettbewerber mit Hilfe der markenrechtlichen Nutzung einen Produktvergleich durchführt und dabei sein Produkt klar gegen das Markenprodukt abgrenzt, da es dann an einer kennzeichenmäßigen Nutzung fehlt. Zulässig ist ferner die Verwendung von Gattungsbegriffen in Meta-Tags, wenn sie in einem Zusammenhang zum jeweiligen Inhalt der Webseite stehen.[124] Eine Behinderung kann bejaht werden, wenn der eigentliche Markeninhaber durch das Meta-Tagging von der Trefferliste verdrängt wird. Ebenso kann im Einzelfall der Missbrauch von Marken in Meta-Tags als Irreführung angesehen werden.[125]

Wer durch die Aufnahme von Kennzeichen als AdWords schlagwortspezifische Werbe-einblendungen in Suchmaschinen kauft, sieht sich einer uneinheitlichen Rechtssprechung gegenüber und muss abhängig vom jeweiligen Gericht mit einer Verfolgung wegen marken- oder / und wettbewerbsrechtlichen Aspekten oder einer Negierung dieser Aspekte rechnen.

Die zum Keyword-Buying kommende Entscheidung des BGH könnte, falls das Gericht eine Parallele zu Meta-Tags zieht, eine fundamentale Bedeutung für die Werbeeinnahmen im Internet haben und damit auch das Konzept von Suchmaschinen in der heutigen Form in Frage stellen. Von technischen Überlegungen ausgehend ist jedoch das Ziehen dieser Parallele als sehr fragwürdig einzuschätzen.

---

[124] Vgl. Eichhorn (2007), S. 219.
[125] Vgl. Brömmelmeyer (2007), S. 395 f.

Quellen- und Literaturverzeichnis

Brömmelmeyer, Christoph (2007):
Internetwettbewerbsrecht, Tübingen.

Eichhorn, Bert (2007):
Internetrecht. Ein Wegweiser für Nutzer und Web-Verantwortliche, Berlin, Wien, Zürich.

FAZ (2007):
Frankfurter Allgemeine Zeitung, verschiedene Ausgaben, Frankfurt am Main.

FTD (2007):
Financial Times Deutschland, verschiedene Ausgaben, Frankfurt am Main.

Google (2007):
online unter www.google.com, verschiedene Seiten, Abrufdatum: 2007-10-28.

Haug, Volker (2006):
Grundwissen Internetrecht. Erläuterungen mit Urteilsauszügen, Schaubildern und Übersichten, Stuttgart.

Heim, Andreas (2004):
Die Einflussnahme auf Tefferlisten von Internet-Suchdiensten aus marken- und wettbewerbsrechtlicher Sicht, Münster.

Holtkotte, Carolin (2003):
Marken- und wettbewerbsrechtliche Probleme bei Suchmaschinen.

Hüsch, Moritz (2006):
Keyword Advertising und Keyword Buying, Baden-Baden.

IT-Rechtsinfo (2007):
online unter www.it-rechtsinfo.de und Unterseiten, Abrufdatum: 2007-10-28.

Koch, Frank (2005):
Internet-Recht. Praxis-Handbuch zu Dienstenutzung, 2. Auflage, München, Wien.

Köhler, Markus / Arndt, Hans-Wolfgang / Fetzer, Thomas (2006):
Recht des Internet, 5. Auflage, Heidelberg.

Menke, Burkhart (1999):
Die Verwendung fremder Kennzeichen in Meta-Tags: Ein Fall für das Kennzeichen- und / oder das Wettbewerbsrecht?, in: Wettbewerb in Recht und Praxis, 45. Jahrgang, Nr. 10/1999, S. 982 – 990.

Netzwelt (2007)
online unter www.netzwelt.com/selfhtml/, verschiedene Seiten, Abrufdatum: 2007-10-25.

Ott, Stephan (2004):
Urheber- und wettbewerbsrechtliche Probleme von Linking und Framing, Stuttgart, et. al.

Schröder, Georg F. (2004):
EDV-Recht von A-Z. Das Nachschlagewerk für den IT-Profi, Kissing.

Searchenginewatch (2007o):
online unter www.searchenginewatch.com und Unterseiten, Abrufdatum: 2007-10-20.

Sup4u (2007):
online unter www.sup4u.de, verschiedene Seiten, Abrufdatum: 2007-10-28.

Ullmann, Eike (2007):
Wer sucht der findet – Kennzeichenverletzung im Internet, in: Zeitschrift Gewerblicher Rechtsschutz und Urheberrecht (GRUR) Heft 08/2007, Seite 634 ff.

Wikipedia (2007o):
online unter de.wikipedia.org, verschiedene Seiten, Abrufdatum: 2007-10-28.

Worm, Ulrich (2002):
Die Verletzung von Urheberrechten und gewerblichen Schutzrechten durch das Setzen von Hyperlinks, Inline-Frames und Meta-Tags, Frankfurt am Main et al.

Ziem, Claudia (2003):
Die Bedeutung der Pressefreiheit für die Ausgestaltung der wettbewerbs- rechtlichen und urheberrechtlichen Haftung von Suchdiensten im Internet, Frankfurt am Main et. al.

Gesetzesverzeichnis

| MarkenG | Gesetz über den Schutz von Marken und sonstigen Kennzeichen |
| UWG | Gesetz gegen den unlauteren Wettbewerb |

Anhangsverzeichnis

Anhang

Anhang 1: Beispiel eines Google-AdWords

Trefferliste   Werbeanzeigen

Abbildung 5: Beispiel eines Google-AdWords
Quelle: www.google.com

Die Trennung zwischen Trefferliste und Werbeanzeigen in obiger Abbildung ist klar erkennbar. Die über AdWords gekauften Anzeigen wurden durch die Bezeichnung "Anzeigen" als solche kenntlich gemacht.

Anhang 2: Beispiel eines Keyword-Buys bei Altavista

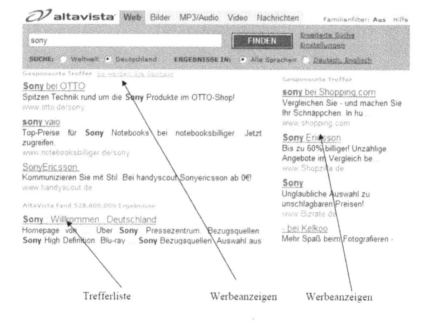

Abbildung 6: Beispiel eines Keyword-Buys bei Altavista
Quelle: www.altavista.com

Die Trennung zwischen Trefferliste und Werbeanzeigen in obiger Abbildung ist klar erkennbar. Die über Keywords gekauften Anzeigen wurden durch die Bezeichnung "Gesponsorte Treffer" als solche kenntlich gemacht.